Analyse de l'œuvre

Par Lucile Lhoste

Les Filles du feu

de Gérard de Nerval

lePetitLittéraire.fr

Analyse de l'œuvre

Par Lucile Lhoste

Les Filles du feu

de Gérard de Nerval

lePetitLittéraire.fr

Rendez-vous sur lepetitlitteraire.fr et découvrez :

Plus de 1200 analyses
Claires et synthétiques
Téléchargeables en 30 secondes
À imprimer chez soi

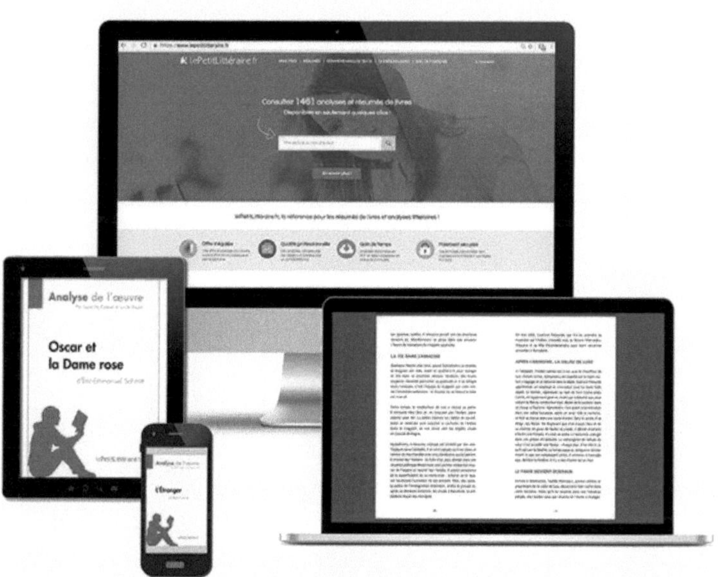

GÉRARD DE NERVAL

ÉCRIVAIN FRANÇAIS

- **Né en 1808 à Paris**
- **Décédé en 1855 dans la même ville**
- **Quelques-unes de ses œuvres :**
  - *Le Marquis de Fayolle* (1849-1856), roman
  - *Voyage en Orient* (1851), essai
  - *Les Chimères* (1854), recueil de poésie

Gérard de Nerval nait Gérard Labrunie. Il est principalement élevé par son grand-oncle maternel puis son père, sa mère étant décédée lorsqu'il avait deux ans. Il entre au collège Charlemagne en 1822 et y écrit ses premiers textes de poésie, théâtre, etc. Il ne valide son baccalauréat qu'en 1829. Il se rapproche ensuite de plus en plus des milieux littéraires : il participe à la bataille d'Hernani en 1830 sur invitation de Victor Hugo (écrivain français, 1802-1885), fréquente les cénacles et adopte le nom d'auteur Gérard de Nerval en souvenir d'un lieu de son enfance.

À partir de 1834, il voyage en Italie, en Belgique et en Allemagne tout en continuant à écrire.

Il signe notamment avec Alexandre Dumas (écrivain français, 1802-1870) plusieurs projets théâtraux. Ses premières crises de folie ont lieu quelques années plus tard. Il continue malgré tout ses voyages et sa carrière, remplaçant son ami Théophile Gautier (écrivain français, 1811-1872) dans le journal *La Presse* et officiant comme nouvelliste, traducteur et auteur. Ses œuvres maitresses telles que *Les Filles du feu* sont écrites dans les dernières années de sa vie, alors que la folie et la pauvreté le rattrapent. Il sera découvert mort, pendu dans une rue parisienne, en 1855.

LES FILLES DU FEU

UN RECUEIL D'UNE GRANDE VARIÉTÉ

- **Genre :** recueil de nouvelles et poèmes
- **Édition de référence** : *Les Filles du feu* suivi de *Les Chimères*, Paris, Folio Classique, 2005, 448 p.
- **1re édition :** 1854
- **Thématiques** : amour, femmes, nostalgie, rêve, pensées

Les Filles du feu est un recueil qui rassemble une dédicace à Alexandre Dumas, huit nouvelles et douze poèmes – sous le titre *Les Chimères*. Il est pour cette raison difficile de lui attribuer un genre particulier. Nerval l'a publié à l'époque où il était interné et a changé d'avis à plusieurs reprises sur le titre et sur les récits qu'il a finalement rassemblés, dont beaucoup sont en fait parus dans d'autres contextes auparavant.

Bien que très différentes dans leur forme et leur contenu, les nouvelles des *Filles du feu* présentent des similitudes qui justifient leur réunion : il est en général question d'une femme dont le narrateur recherche le souvenir. Ce recueil, couplé avec *Les Chimères*, est considéré comme l'un des chefs-d'œuvre de l'auteur. Il constitue en effet un véritable témoignage de la singularité de la pensée de Nerval et de son rapport au passé et aux figures perdues.

RÉSUMÉ

ANGÉLIQUE

Le récit titré *Angélique* est composé de douze lettres adressées à Monsieur Le Directeur, au cours desquelles le narrateur détaille ses recherches sur l'abbé de Valois. Le livre pouvant renseigner l'écrivain est difficile à trouver, et doit finalement être vendu aux enchères sous plusieurs jours. En attendant cette échéance, le narrateur fait une série de digressions avec des anecdotes ou encore de petits voyages vers des lieux liés à l'abbé, tout ceci lui évoquant des souvenirs d'enfance.

Une partie du récit est également occupée par l'histoire d'Angélique, qui fait partie de la famille Valois. Cette jeune fille de bonne famille, amoureuse d'un charcutier nommé La Corbinière, a fui le domaine avec lui et une partie de l'argenterie pour financer leur vie. Au gré de leurs voyages, les jeunes gens se marient, ont un enfant, tandis que La Corbinière commence une carrière militaire. L'argent file cependant et le mari d'Angélique finit par décéder d'une mauvaise blessure, contraignant cette dernière à tenter un retour dans sa famille. Elle y sera cependant mal accueillie, au point de ne pas figurer dans la généalogie familiale.

SYLVIE

Dans sa jeunesse, le narrateur est amoureux de Sylvie qu'il fréquente dans son village natal, Loisy. Mais lors d'une fête de village, il tombe sous le charme d'Adrienne à laquelle il offre une couronne de laurier, au grand dam de Sylvie. Après cette fête, le narrateur va à Paris pour ses études. La jeune femme le boude un moment, mais se laisse raccompagner chez elle. Le lendemain, le couple rend visite à la grand-tante de Sylvie, chez laquelle ils éveillent de tendres souvenirs en revêtant ses habits de mariage.

Bien des années plus tard, le narrateur est revenu à Paris où il fréquente assidument le théâtre pour y voir Aurélie, une actrice objet de son affection, en laquelle il voit en fait une image d'Adrienne. Apprenant qu'elle est engagée avec un autre, il décide de quitter le théâtre et découvre par hasard un article évoquant une fête de village, ce qui le décide à retourner à Loisy. Il y revoit Sylvie, qu'il raccompagne chez elle et assure de son amour. Il finit cependant par apprendre qu'elle est fiancée au « grand frisé », son frère de lait, et revient dépité à Paris.

Là-bas, il écrit des lettres à Aurélie et la convainc de jouer dans un drame qu'il a écrit. Aurélie l'éconduit cependant formellement, actant sa préférence pour un autre. Le narrateur persuade néanmoins le régisseur d'organiser des représentations dans sa région, ce qui lui permet de comprendre qu'il voyait Adrienne en Aurélie et qu'elle ne formait qu'une moitié de son amour, l'autre étant Sylvie. Cette dernière s'est mariée au grand frisé et a fondé une famille ; Adrienne, quant à elle, est morte en 1832 après s'être retirée au couvent.

La nouvelle elle-même est suivie des *Chansons et légendes du Valois*, qui mêlent des réflexions et un récit de *La reine des poissons*.

JEMMY

L'Irlandaise Jemmy épouse l'Allemand Toffel à la faveur d'une coutume de village. Un premier enfant nait, mais Jemmy est enlevée peu après par les Indiens en se rendant au baptême de son fils. Cinq ans plus tard, elle parvient à s'enfuir et retrouve sa maison. Toffel s'est cependant remarié entretemps et a eu d'autres enfants ; ses parents sont morts, ses frères et sœurs dispersés, son fils ne la reconnait pas. Jemmy décide donc de faire le chemin inverse et de retourner chez les Indiens.

Durant sa captivité, Jemmy a en effet pris un grand rôle dans la communauté : elle aide les femmes et les enfants dans leurs tâches quotidiennes, fait confectionner des vêtements pour les hommes. De plus, le fils du chef de la tribu, Tomahawk, tombe rapidement amoureux d'elle. Lorsque l'Irlandaise revient, Tomahawk est chef depuis longtemps à cause de la mort de son père. Elle l'emmène aussitôt devant le maire pour célébrer leurs noces et, quand leur premier enfant nait, impose qu'il soit baptisé. C'est ainsi que des années plus tard, à l'initiative de Jemmy, les tentes sont remplacées par une maison entourée de champs clos, tandis que les enfants lisent et apprennent la Bible.

OCTAVIE

L'histoire d'Octavie est celle d'un amour poursuivi et déçu. Le narrateur rencontre la jeune femme à Marseille, lors d'une escale sur son chemin vers l'Italie. Il reprend ensuite sa route vers Civita-Vecchia, où il retrouve Octavie la veille de son embarquement. Les deux sympathisent et un rendez-vous est fixé à Portici. Ils vont ensuite visiter Pompéi, mais le narrateur est tellement absorbé par les merveilles qu'il expose à sa compagne que l'entrevue tourne court.

En réalité, il est encore sous le charme d'une rencontre faite la veille. En errant en ville, il fait la rencontre d'une femme qui lui rappelle un ancien amour. Sous l'effet de l'alcool consommé à une soirée, il se sent comme dans un rêve, mais tombe dans un état mélancolique quand vient le temps de partir. Il réalise ainsi qu'il ne peut céder à Octavie et, lors de leur visite de Pompéi, lui affirme qu'il ne se sent plus digne d'elle.

Bien des années plus tard, il revoit Octavie à l'occasion d'un voyage à Naples. Elle a épousé un célèbre peintre paralysé peu après leur mariage, et a mené une triste existence à servir fidèlement tant son père que son mari. Persuadé qu'Octavie a gardé le secret de son propre bonheur, et incapable de supporter de la voir endurer cette existence, le narrateur rentre le jour suivant à Marseille.

ISIS

Un ambassadeur de Naples donne une fête sur le thème de l'Antiquité. C'est l'occasion pour les invités de s'habiller à l'antique, de respecter les coutumes de cette époque et d'assister à des animations, dont la plus notable est la cérémonie en l'honneur d'Isis. C'est l'occasion pour le narrateur de faire l'exposé des célébrations et rituels liés à cette déesse ainsi qu'à Osiris, dont le culte semble indissociable de celui de sa sœur. Le reste de la nouvelle se passe en visites qui lui évoquent l'Égypte et en explications sur ce culte primitif.

CORILLA

Fabio et Marcelli sont tous deux amoureux de Corilla, une actrice, et lui font porter des lettres et des cadeaux par l'entremise de Mazetto. Un soir de rendez-vous secret avec sa dame, Fabio se rend compte qu'elle voit Marcelli au même moment, alors que lui est dupé par une bouquetière. Les deux hommes confrontent Mazetto qui avoue n'avoir jamais remis les lettres de Fabio. Marcelli, heureux, repart avec Corilla, tandis que Fabio se résout à aller voir la bouquetière.

Cette dernière reconnait Fabio et se confond en excuses mais, quand Fabio l'entend chanter, il se rend compte qu'il est bien en face de Corilla, qui a éconduit Marcelli pour le retrouver. Le deuxième homme finit par les rejoindre et leur dame, après avoir réconcilié ses soupirants, les invite à manger tous les deux avec elle.

ÉMILIE

Le lieutenant Desroches, rentré dans l'armée dès l'âge de quatorze ans, est gravement blessé au visage par un coup d'épée. Les chirurgiens parviennent à le soigner mais il garde des bandages qui l'empêchent longtemps de se promener bien loin. Il prend cependant l'habitude de se reposer sur un banc, où il rencontre la jeune Émilie. Les jeunes gens tombent amoureux et décident de se marier : ils se rendent alors en ville pour les noces où Desroches rencontre son beau-frère Wilhelm.

À leur retour, les mariés, Wilhelm et la tante d'Émilie et de ce dernier font étape dans une auberge. Wilhelm est rapidement abordé par des soldats qui sont surpris par son allure bourgeoise. Dans la conversation, il évoque la mort de son père en combat. L'un des soldats lui explique qu'un dénommé Desroches a tué quelqu'un exactement dans les mêmes circonstances. Wilhelm se fige d'horreur : il comprend que son beau-frère a tué son père.

Il décide alors de lui tendre un piège en l'invitant à lui faire visiter un fort des environs, justement l'endroit où son père est mort. Un duel s'engage, interrompu par un abbé qui a été alerté par Émilie du déplacement des deux hommes. Desroches décide de sauver l'honneur d'Émilie et Wilhelm en provoquant sa mort : il s'engage peu après dans une mission dangereuse et meurt effectivement au combat. Plus tard, l'abbé raconte ces événements à des connaissances afin de leur démontrer en quoi la mort de Desroches peut tenir du suicide.

LES CHIMÈRES

Le recueil se clôt par huit poèmes – dont l'un est divisé en cinq sections – qui reviennent sur des thèmes communs aux *Filles du feu* : l'amour, la nostalgie, l'ésotérisme, etc. Parmi ces poèmes, le plus connu est sans doute celui qui ouvre *Les Chimères* : *El Desdichado*.

ÉTUDE DES PERSONNAGES

LES PERSONNAGES MASCULINS

Une partie des récits mettent en scène un narra-teur interne : c'est le cas dans *Angélique*, *Sylvie* et *Octavie*. Il s'agit d'un homme que l'on peut iden-tifier dans *Angélique* comme l'auteur lui-même, à en croire une lettre adressée par « un lecteur sympathique de M. Gérard de Nerval » (p. 111). Il est courtois et éduqué, mais prompt à se laisser emporter par ses amours et ses rêveries. Bien que ce narrateur ne soit techniquement pas le même dans chaque histoire, et que quasiment aucun nom ne revienne dans plusieurs nouvelles, il est possible de dégager des traits communs. Ainsi, le narrateur voyage fréquemment, que ce soit dans les régions françaises ou à l'étranger, souvent en Italie. Surtout, il garde le souvenir souvent teinté de mystère d'une femme et se plait à y repenser. Il arrive même que cela nuise à ses aventures présentes : il courtise ainsi Sylvie et Octavie mais se rend compte que son esprit est toujours hanté par une autre. Dans *Angélique*, cet intérêt est surtout dû à la parenté qu'elle a avec l'abbé. Un narrateur non identifié est également à l'œuvre dans Isis, mais n'intervient quasiment pas.

Quand ce n'est pas le narrateur, d'autres personnages prennent le relais auprès des femmes. Dans *Jemmy*, il s'agit de Toffel et Tomahawk. Le premier est un Allemand candide et désintéressé, le deuxième un Indien appelé à succéder à son père. Tous deux sont bien faits de leur personne et ont un statut – des propriétés pour Toffel, un héritage pour Tomahawk. Leur trait commun est la soumission totale à celle qui sera l'épouse du premier puis du second : quoi qu'elle puisse décider ou faire, ils y font rarement objection et finissent toujours par se ranger à son avis.

Dans *Corilla*, ce sont trois hommes qui accompagnent la dame : Fabio et Marcelli, ses soupirants, et Mazetto, qui travaille au même théâtre que Corilla et sert d'intermédiaire pour remettre les lettres et cadeaux des deux hommes. Fabio et Marcelli sont amoureux de la cantatrice et donc rivaux, et s'emportent vivement quand ils comprennent avoir été dupés. Malgré sa peine, Fabio semble ouvert à d'autres possibilités, puisqu'il va aborder la bouquetière sans savoir qu'il s'agit cette fois de Corilla. Mazetto, quant à lui, est un sous-fifre qui se laisse aisément fléchir par l'argent.

La mort de Desroches, le mari d'Émilie, est actée dès le début de la nouvelle. Il s'avère que, comme d'autres événements de son existence, elle est le fruit de son courage et son honneur. Desroches, qui tient en effet sa cicatrice au visage d'un coup d'épée reçu lors d'un combat, blesse mortellement le père d'Émilie et Wilhelm en se jetant dans une bataille, et connait la mort pendant une mission acceptée pour sauver l'honneur de la famille de sa femme. Wilhelm, aussi allemand que Desroches et français, partage néanmoins sa définition de l'honneur de la famille : lui attaque son beau-frère pour venger son père et préserver Émilie.

ANGÉLIQUE

Angélique est un personnage existant réellement dans la généalogie des Longueval. Selon les détails donnés par Nerval, il est possible de l'identifier comme étant de la lignée d'Haraucourt, née vers 1604 et décédée en 1694, ce qui situe son histoire au XVIIe siècle. D'après les notes rassemblées par le narrateur, elle est triste et rêveuse, et voit surtout son existence marquée par le malheur assez rapidement.

Son premier prétendant est tué quatre jours après s'être trahi auprès du père d'Angélique ; un second, valet de chambre, plonge son épée dans la gorge de son rival qui n'est autre que son propre maitre. La suite des événements dépeint plus précisément son caractère : elle se révèle ingénieuse et donne la priorité à son amoureux, quitte à voler sa propre famille. Ces qualités ne la préservent pourtant pas du malheur : c'est encore une fois à un prétendant, militaire cette fois, qu'elle doit la mort de son mari puisque c'est cet homme qui l'envoie dans une mission fatale.

SYLVIE ET ADRIENNE

Sylvie, l'héroïne de la nouvelle éponyme, est une jeune femme du Valois qui dans sa jeunesse était un peu sauvage et avait la peau légèrement hâlée. Elle conserve en grandissant, selon le narrateur, son profil régulier, sa beauté et, ses cheveux bruns et ses yeux noirs. Elle exerce dans la broderie, d'abord de la dentelle de Chantilly puis des gants. Amoureuse de lui dans sa jeunesse, Sylvie garde une affection certaine mais qui ne peut plus être concrétisée, puisqu'elle épouse un autre homme. Elle semble également rancunière, puisqu'elle tient rigueur au narrateur de l'avoir délaissée lors de ses études à Paris.

Adrienne est décrite en contraste total avec Sylvie. Elle est aussi blonde que cette dernière est brune et est issue d'une grande lignée, tandis que sa rivale est d'une famille modeste. Elle est également irréelle dans le sens où le narrateur ne la rencontre qu'une fois, lors de la fête où il lui offre la couronne. Elle n'est ensuite présente qu'en souvenir, dans des visions oniriques et à travers l'actrice convoitée par le narrateur à Paris. Elle s'impose d'autant plus qu'étant un souvenir unique et quelque peu fantomatique, il peut l'invoquer à tout moment et se laisser aller à la nostalgie. Ce doux rêve est cependant brisé par Sylvie elle-même, lorsqu'elle informe le narrateur qu'Adrienne est morte voilà des années dans le couvent où elle s'est retirée.

JEMMY

Jemmy O'Dougherty est une jeune irlandaise impétueuse et volontaire qui vit dans l'Ohio.

C'est une « ronde et fraîche jeune fille, ayant une gracieuse figure de lutin, des joues bien roses, un cou de cygne, des yeux d'un bleu grisâtre, dont certains regards faisaient mal, enfin un petit nez tant soit peu aquilin » (p. 200). Comme c'est le cas entre Sylvie et Adrienne, son physique contraste totalement avec celui de son cher Toffel qui est grand et nerveux. Leur condition sociale est également diamétralement opposée : Toffel possède de nombreux biens terrestres et deux bas remplis de dollars espagnols, tandis que Jemmy est une pauvre fermière issue d'une famille nombreuse. Elle aura elle-même plusieurs enfants : un de son premier mari, et une demi-douzaine du deuxième.

Jemmy a un tempérament extraverti et prend de nombreuses initiatives, quitte à imposer sa volonté sans tenir compte de celle des autres. Ce trait est marqué dès le début du récit puisque c'est elle qui fait remarquer à Toffel, sans en calculer les conséquences, qu'ils écossent deux épis rouges en même temps – la coutume veut qu'ils s'embrassent à cette occasion. Elle a plus tard plusieurs fois l'occasion de mettre en avant son caractère. Par exemple, elle persiste à monter le grand cheval pour aller au baptême de son fils alors qu'il conviendrait mieux à son mari, malgré les arguments de ce dernier.

Elle impose ensuite ses coutumes à la tribu des Indiens et tient même tête à la mère de Tomahawk, figure maitresse du groupe. Ses maris favorisent ces actes, car ils sont aussi soumis l'un que l'autre : Tomahawk va jusqu'à renoncer à s'opposer aux convictions religieuses de Jemmy quand elle l'emmène faire baptiser leur premier enfant sans même lui demander son avis.

En somme, Jemmy est assurée, inflexible et va jusqu'au bout quand elle a une idée en tête. Malgré les obstacles, elle va faire construire par les Indiens un monde qui correspond à ses propres origines, avec maisons, champs clôturés et enfants éduqués à l'occidentale.

OCTAVIE

Octavie est une jeune Anglaise blonde aux mains blanches que le narrateur rencontre dans les bains de mer de Marseille. Elle n'a pas de famille en dehors de son père, apparemment infirme, qu'elle accompagne à Naples dont le climat est bénéfique pour la santé du vieil homme. C'est une femme joyeuse et peu farouche, qui prend même l'initiative du rendez-vous à Portici. Elle est néanmoins clairvoyante et sait reconnaitre quand le narrateur ne lui accorde pas autant d'attention qu'elle le voudrait.

Un temps indéterminé après cette mésaventure, elle épouse un peintre qui se retrouve paralysé peu après l'union. Elle vit dès lors une existence triste à s'occuper uniquement de son mari et de son père, sans toutefois de départir de sa candeur.

CORILLA

Corilla est une cantatrice espagnole d'une grande beauté et dotée d'une voix exceptionnelle, qu'elle emploie à chanter au théâtre. D'après Fabio, son premier prétendant, elle a un timbre pur et un accent. Marcelli, lui, la compare à la *Judith* du Caravage (peintre italien, 1571-1610). Son caractère est dit sévère. Si elle aime jouer avec les sentiments de ses soupirants – elle éconduit faussement Marcelli et se fait passer un moment pour une bouquetière auprès de Fabio –, elle n'est en rien concernée par les fausses pistes et le double rendez-vous puisque Mazetto a fomenté cela seul. Considérant la volonté de Fabio et Marcelli à lui plaire, elle ne cherche cependant pas à mentir sur ses propres sentiments, puisqu'elle ne leur promet rien en dehors d'un repas.

ÉMILIE

Émilie est une jeune fille plus dépeinte par son caractère que par son physique. Elle est discrète et dévouée, allant jusqu'à quitter son environnement et ses proches pour tenir compagnie à sa tante. Elle a également un frère, Wilhelm, qui est clerc de notaire. Elle tombe vite amoureuse de Desroches, sans s'embarrasser du fait qu'il n'a pas d'ascendances allemandes. La révélation de l'implication de son époux dans la mort de son père la plonge dans un désespoir total. Ses croyances chrétiennes profondes la poussent à demander de l'aide à l'abbé, ce qui permet d'interrompre le combat entre Wilhelm et Desroches à temps. Elle reste néanmoins durement marquée et décide de se retirer au couvent après avoir appris son veuvage.

CLÉS DE LECTURE

LA COMPOSITION DU RECUEIL

La première mention des *Filles du feu* est faite sous le titre *Mélusine ou les filles du feu* en octobre 1853 par Nerval, dans une lettre à son éditeur. L'auteur y indique travailler sur son recueil, bien qu'il ne soit à l'époque question que de cinq récits – dont *Angélique*, *Jemmy* et *Rosalie*, sans doute le précédent nom *d'Octavie*, et vraisemblablement *Isis* et *Corilla*. Sylvie a été ajoutée sur suggestion de l'éditeur, Daniel Giraud. Nerval, de son côté, propose d'abord d'intégrer *La Pandora*, qu'il écrit à l'époque de la composition des *Filles du feu*. Pour une raison inconnue, car cette nouvelle était bien censée figurer avec les autres, il finit par y renoncer et suggère plutôt *Émilie* afin d'avoir une nouvelle pour terminer son ouvrage.

Il s'agit bien ici d'un recueil de textes déjà évoqués, d'une façon ou d'une autre :

• Les recherches de Nerval sur l'abbé sont déjà au cœur du récit *Les Faulx Saulniers*, publié en

1850 dans le quotidien *Le National*. Il s'agit par ailleurs d'une exploration sur un personnage ayant réellement vécu : Jean Albert d'Archambaud, dit l'Abbé Bucquoy, est né vers 1650 et est décédé en 1740 ;

- *Sylvie* pouvait être lue très peu de temps avant *Les Filles du feu*, en août 1853 dans la *Revue des Deux Mondes*. *Les Chansons et légendes du Valois*, insérées comme un complément, reprennent un article publié en 1842 dans *La Sylphide* et, pour ce qui est de *La reine des poissons*, le conte publié en 1850 dans *Le National* ;
- *Jemmy* est parue sous le titre *Jemmy O'Dougherty* – soit le nom complet de l'héroïne – en 1843 dans *La Sylphide*. Elle est en outre largement inspirée d'une nouvelle allemande, *Christophorus Bärenhäuter im Amerikanerlande*, publiée en 1834 sous pseudonyme par le journaliste Karl Postl (1793-1864) ;
- *Octavie* reprend une lettre comprise dans un texte publié en 1842 dans *La Sylphide*. La nouvelle telle qu'éditée dans *Les Filles du feu* est parue de son côté quelques semaines seulement avant le recueil, mais il est possible qu'elle ait été écrite avant – si la *Rosalie* évoquée par Nerval à son éditeur lui correspond bel et bien ;

- *Isis* reprend sous la forme d'un souvenir de voyage un article publié en 1845 dans *La Phalange. Revue de la science sociale* ;
- *Corilla* en est à sa quatrième publication ; la première date de 1839, dans *La Presse*, et sous un autre titre ;
- *Émilie* est copiée à la demande de Nerval de la nouvelle *Le Fort de Bitche*, parue en 1839 dans *Le Messager*. Qu'elle soit écrite par l'auteur est néanmoins incertain, Auguste Maquet (écrivain français, 1813-1888) en ayant revendiqué la rédaction pour aider Nerval à tenir ses délais.

Sur tout le recueil, seuls sont inédits la dédicace à Dumas et certains poèmes des *Chimères*. De plus, trouver un point commun aux nouvelles sur la forme est difficile : Nerval semble plutôt procéder à un mélange des genres, à une folie littéraire ou tout se confond. Après tout, *Corilla*, qui est à l'évidence une saynète, est bien intégrée comme une nouvelle.

LES AMOURS PERDUES

Chaque nouvelle des *Filles du feu* met en scène une femme d'une façon ou d'une autre – si l'on considère Isis en tant que femme et non comme déesse. Ces femmes sont des objets d'amour, mais d'un point de vue différent : elles peuvent être accessibles, ou bien être un souvenir heureux. En revanche, elles ont un point commun : elles ne font pas l'objet d'amours heureuses. Le titre provisoire d'*Amours perdues* n'est pas dû au hasard : à chaque fois l'amour est perdu, bien que les circonstances diffèrent. Cela peut être dû à une sorte de fatalité, comme dans le cas d'Angélique dont tous les prétendants semblent connaitre un funeste destin. L'éloignement peut jouer un rôle, par exemple pour Sylvie. Souvent, il s'agit aussi d'une comparaison entre deux individus, entre lesquels le troisième membre du triangle amoureux ne peut tout à fait choisir.

- Même s'il est sous-entendu qu'Angélique est marquée par le malheur, l'issue de son histoire avec La Corbinière est déterminée par la jalousie d'un autre homme, qui éloigne son mari et provoque indirectement la mort de ce dernier ;
- L'amour du narrateur pour Sylvie est mis à mal par celui qu'il conserve pour la figure quasi mystique d'Adrienne. Cela le conduit à s'éloigner de Sylvie, qui lui échappe au point de s'unir à un autre ;
- Jemmy reste éloignée de son foyer si long-

temps que Toffel, après l'avoir vainement cherchée pendant un an, prend l'une de ses rivales comme deuxième épouse. Quand Jemmy revient, elle ne peut que constater le changement et renonce à tout ce pour quoi elle était revenue ;

- Alors qu'il fréquente Octavie, le narrateur fait une rencontre subite qui l'obsède au point qu'il ne peut donner à sa nouvelle conquête l'attention qu'elle attend de lui. Une nouvelle fois, l'éloignement se fait et Octavie en épouse un autre ;
- Dans *Corilla*, il y a d'un côté Fabio qui hésite un temps entre Corilla et la bouquetière, et Corilla qui ne fait pas de choix entre Marcelli et Fabio ;
- Desroches perd Émilie à cause de hasards malheureux : il ignore jusqu'à sa confrontation avec Wilhelm qu'il a causé la mort du père de sa bien-aimée. La fatalité joue contre son mariage.

Quelles que soient les circonstances, l'amour éprouvé par les personnages ne connait jamais d'issue tout à fait heureuse, comme si l'amour pur était impossible. Les amours perdues, ou passées selon un autre titre envisagé par Nerval, sont en tout cas caractérisées par leur ancrage dans une époque qui n'est plus, et ne pourra plus exister.

Dans *Sylvie*, le narrateur finit par considérer Sylvie et Adrienne comme deux moitiés d'un seul amour. C'est aussi vrai dans d'autres nouvelles : un personnage rencontre et perd quasi aussitôt un amour idéalisé et ne peut l'oublier à l'épreuve de la réalité. Il tente de poursuivre une relation, mais le souvenir l'en empêche, car il éveille trop de mélancolie et de nostalgie.

RÊVERIES ET CHIMÈRES

La rêverie n'est pas uniquement visible dans les thèmes, mais aussi, et surtout dans la manière dont l'auteur évoque et stylise ses récits. La chronologie est parfois décousue – il est par exemple plus difficile d'établir une chronologie des événements dans *Sylvie* – et illustre la manière dont Nerval tente de mettre de l'ordre dans le chaos, à la manière de la poésie. Les récits en apparence les plus déstructurés du volume ont bien leur logique propre, qu'un peu d'étude permet de reconstituer. Mais c'est le style, les ambiances qui traduisent véritablement la dimension ésotérique de l'œuvre :

- La rencontre d'Adrienne se fait dans un décor brumeux, malgré la fête, ce qui lui confère d'emblée une aura mystérieuse ;
- La rencontre avec la femme mystérieuse qui éclipse Octavie se fait de nuit – comme le rendez-vous de Fabio et Marcelli avec Corilla. Le narrateur évoque même vivre cela alors qu'il est en pleine errance, donc dans une ambiance incertaine ;
- Dans d'autres cas, la rencontre se fait en deux temps : le personnage rencontre la femme aimée sans connaitre autre chose que son apparence, accentuant le mystère, puis apprend seulement les détails terrestres – son nom, sa condition, sa parenté, etc.

Rares sont les récits qui n'exploitent pas un minimum des images de la rêverie et de la chimère dans son sens le plus langagier : une idée irréalisable, née au moins en partie de l'imagination. Même Jemmy, quand elle décide de quitter le camp des Indiens, est mue par l'idée folle que Toffel l'a attendue pendant cinq ans. C'est sans doute cette chimère qui rend le retour à la réalité à ce point cruel : non seulement son fantasme est vain, mais il lui est tout simplement impossible de revenir en arrière. C'est certes cette idée qui lui a permis de tenir jusqu'au retour dans son vallon natal, mais la réalité balaie aussitôt ses illusions.

Au-delà de la pure rêverie, les récits revêtent parfois une dimension qui tient de la mythologie. C'est évidemment particulièrement visible dans Iris, puisque ce récit consiste en une étude autour de cette déesse de la mythologie égyptienne. Il est à noter que dans la version gréco-romaine du mythe, Isis est associée à la nuit, qui revient plusieurs fois dans les interactions entre les personnages des nouvelles. À l'époque de la rédaction de l'article puis du recueil, Isis est toujours symbole de mystère, voire de danger, en tout cas avec une dimension de rêve voire négative. Elle peut également faire écho à l'ambition du poète de déchiffrer des sens cachés puisque, dans certains cas, les événements rapportés sont mystérieux et qu'il appartient au lecteur de les reconstituer.

Le caractère onirique et quelque peu désorganisé des *Filles du feu* pourrait aussi tenir à la période durant laquelle Nerval a composé son livre. Il avait déjà été sujet à plusieurs crises de folie, était alors interné, et ce recueil constitue peut-être aussi un reflet de sa pensée d'alors, celle de quelqu'un qui était de plus en plus éloigné de la réalité et avait cédé à ses propres chimères.

PISTES DE RÉFLEXION

QUELQUES QUESTIONS POUR APPROFONDIR SA RÉFLEXION...

- Pourquoi avoir choisi le titre *Les Filles du feu* ? Pourquoi, à votre avis, a-t-il été préféré aux autres choix possibles ?
- La composition de l'ouvrage a souffert de nombreux changements. Quelle cohérence peut-on dégager de l'organisation actuelle du recueil ?
- Expliquez de quelle manière chaque nouvelle met en évidence une ou plusieurs figures féminines.
- En quoi la rivalité Sylvie-Adrienne éclaire-t-elle la conception de l'amour exposée par le narrateur ?
- Sur l'ensemble des *Filles du feu*, la conception de l'amour mise en avant relève-t-elle de l'amour-passion, l'amour-nostalgie ou un mélange des deux ?
- Quelle logique peut-on distinguer dans l'insertion des *Chimères* dans le recueil ? Comment

ce titre éclaire-t-il l'une des thématiques de l'ensemble ?

- La nouvelle *Isis* occupe une place à part, dans le sens où il est plutôt question du culte de la déesse égyptienne que d'une histoire d'amour contrariée comme dans les autres nouvelles. Pourquoi a-t-elle tout de même été insérée dans *Les Filles du feu*, et ce dès le début du projet ?
- *Angélique* diffère également d'autres récits, vu que l'intrigue centrale est plutôt la recherche de l'histoire de l'abbé Bucquoy. Quelle raison peut selon vous expliquer cette tournure et ce choix de mettre en avant la recherche bibliographique ?
- La saynète *Sylvie* est le seul texte qui ne puisse pas passer pour une nouvelle, étant un texte théâtral. Pensez-vous cependant qu'elle trouve sa place parmi les autres nouvelles ? Pourquoi ?

Votre avis nous intéresse !
Laissez un commentaire sur le site de votre librairie en ligne
et partagez vos coups de cœur sur les réseaux sociaux !

POUR ALLER PLUS LOIN

ÉDITION DE RÉFÉRENCE

- NERVAL G. de, *Les Filles du feu* suivi de *Les Chimères*, Paris, Folio Classique, 2005.

ÉTUDES DE RÉFÉRENCE

- GUYAUX A. [dir.], *Nerval : actes du colloque de la Sorbonne du 15 novembre 1997*, Paris, Presse de l'Université Paris-Sorbonne, 1997.

SOURCE COMPLÉMENTAIRE

- PATTOU, É., *Seigneurs de Longueval*, 2012 (mis à jour en 2018), consulté le 15 octobre 2018, http://racineshistoire.free.fr/LGN/PDF/Longueval.pdf.
- La généalogie de l'Angélique évoquée par Nerval figure dans la lignée des Marquis d'Haraucourt, page 16 du document.

SUR LEPETITLITTÉRAIRE.FR

- Fiche de lecture sur *Sylvie* de Gérard de Nerval.

Retrouvez notre offre complète sur lePetitLittéraire.fr

- des fiches de lectures
- des commentaires littéraires
- des questionnaires de lecture
- des résumés

ANOUILH
- Antigone

AUSTEN
- Orgueil et Préjugés

BALZAC
- Eugénie Grandet
- Le Père Goriot
- Illusions perdues

BARJAVEL
- La Nuit des temps

BEAUMARCHAIS
- Le Mariage de Figaro

BECKETT
- En attendant Godot

BRETON
- Nadja

CAMUS
- La Peste
- Les Justes
- L'Étranger

CARRÈRE
- Limonov

CÉLINE
- Voyage au bout de la nuit

CERVANTÈS
- Don Quichotte de la Manche

CHATEAUBRIAND
- Mémoires d'outre-tombe

CHODERLOS DE LACLOS
- Les Liaisons dangereuses

CHRÉTIEN DE TROYES
- Yvain ou le Chevalier au lion

CHRISTIE
- Dix Petits Nègres

CLAUDEL
- La Petite Fille de Monsieur Linh
- Le Rapport de Brodeck

COELHO
- L'Alchimiste

CONAN DOYLE
- Le Chien des Baskerville

DAI SIJIE
- Balzac et la Petite Tailleuse chinoise

DE GAULLE
- Mémoires de guerre III. Le Salut. 1944-1946

DE VIGAN
- No et moi

DICKER
- La Vérité sur l'affaire Harry Quebert

DIDEROT
- Supplément au Voyage de Bougainville

DUMAS
- Les Trois Mousquetaires

ÉNARD
- Parlez-leur de batailles, de rois et d'éléphants

FERRARI
- Le Sermon sur la chute de Rome

FLAUBERT
- Madame Bovary

FRANK
- Journal d'Anne Frank

FRED VARGAS
- Pars vite et reviens tard

GARY
- La Vie devant soi

GAUDÉ
- La Mort du roi Tsongor
- Le Soleil des Scorta

GAUTIER
- La Morte amoureuse
- Le Capitaine Fracasse

GAVALDA
- 35 kilos d'espoir

GIDE
- Les Faux-Monnayeurs

GIONO
- Le Grand Troupeau
- Le Hussard sur le toit

GIRAUDOUX
- La guerre de Troie n'aura pas lieu

GOLDING
- Sa Majesté des Mouches

GRIMBERT
- Un secret

HEMINGWAY
- Le Vieil Homme et la Mer

HESSEL
- Indignez-vous !

HOMÈRE
- L'Odyssée

HUGO
- Le Dernier Jour d'un condamné
- Les Misérables
- Notre-Dame de Paris

HUXLEY
- Le Meilleur des mondes

IONESCO
- Rhinocéros
- La Cantatrice chauve

JARY
- Ubu roi

JENNI
- L'Art français de la guerre

JOFFO
- Un sac de billes

KAFKA
- La Métamorphose

KEROUAC
- Sur la route

KESSEL
- Le Lion

LARSSON
- Millenium I. Les hommes qui n'aimaient pas les femmes

LE CLÉZIO
- Mondo

LEVI
- Si c'est un homme

LEVY
- Et si c'était vrai…

MAALOUF
- Léon l'Africain

MALRAUX
• La Condition
  humaine

MARIVAUX
• La Double
  Inconstance
• Le Jeu de l'amour
  et du hasard

MARTINEZ
• Du domaine
  des murmures

MAUPASSANT
• Boule de suif
• Le Horla
• Une vie

MAURIAC
• Le Nœud
  de vipères

MAURIAC
• Le Sagouin

MÉRIMÉE
• Tamango
• Colomba

MERLE
• La mort est
  mon métier

MOLIÈRE
• Le Misanthrope
• L'Avare
• Le Bourgeois
  gentilhomme

MONTAIGNE
• Essais

MORPURGO
• Le Roi Arthur

MUSSET
• Lorenzaccio

MUSSO
• Que serais-je
  sans toi ?

NOTHOMB
• Stupeur et
  Tremblements

ORWELL
• La Ferme
  des animaux
• 1984

PAGNOL
• La Gloire de
  mon père

PANCOL
• Les Yeux jaunes
  des crocodiles

PASCAL
• Pensées

PENNAC
• Au bonheur
  des ogres

POE
• La Chute de la
  maison Usher

PROUST
• Du côté de
  chez Swann

QUENEAU
• Zazie dans
  le métro

QUIGNARD
• Tous les matins
  du monde

RABELAIS
• Gargantua

RACINE
• Andromaque
• Britannicus
• Phèdre

ROUSSEAU
• Confessions

ROSTAND
• Cyrano de
  Bergerac

ROWLING
• Harry Potter à
  l'école des sor-
  ciers

SAINT-EXUPÉRY
• Le Petit Prince
• Vol de nuit

SARTRE
• Huis clos
• La Nausée
• Les Mouches

SCHLINK
• Le Liseur

SCHMITT
- La Part de l'autre
- Oscar et la
  Dame rose

SEPULVEDA
- Le Vieux qui
  lisait des romans
  d'amour

SHAKESPEARE
- Roméo et Juliette

SIMENON
- Le Chien jaune

STEEMAN
- L'Assassin
  habite au 21

STEINBECK
- Des souris et
  des hommes

STENDHAL
- Le Rouge et
  le Noir

STEVENSON
- L'Île au trésor

SÜSKIND
- Le Parfum

TOLSTOÏ
- Anna Karénine

TOURNIER
- Vendredi ou
  la Vie sauvage

TOUSSAINT
- Fuir

UHLMAN
- L'Ami retrouvé

VERNE
- Le Tour
  du monde
  en 80 jours
- Vingt mille
  lieues sous
  les mers
- Voyage au
  centre de
  la terre

VIAN
- L'Écume des jours

VOLTAIRE
- Candide

WELLS
- La Guerre des
  mondes

YOURCENAR
- Mémoires
  d'Hadrien

ZOLA
- Au bonheur
  des dames
- L'Assommoir
- Germinal

ZWEIG
- Le Joueur
  d'échecs

L'éditeur veille à la fiabilité des informations publiées, lesquelles ne pourraient toutefois engager sa responsabilité.

www.lepetitlitteraire.fr

ISBN version numérique : 9782808014342
ISBN version papier : 9782808014359
Dépôt légal : D/2018/12603/477

Conception numérique : Primento,
le partenaire numérique des éditeurs.

Ce titre a été réalisé avec le soutien de la Fédération Wallonie-Bruxelles, Service général des Lettres et du Livre.